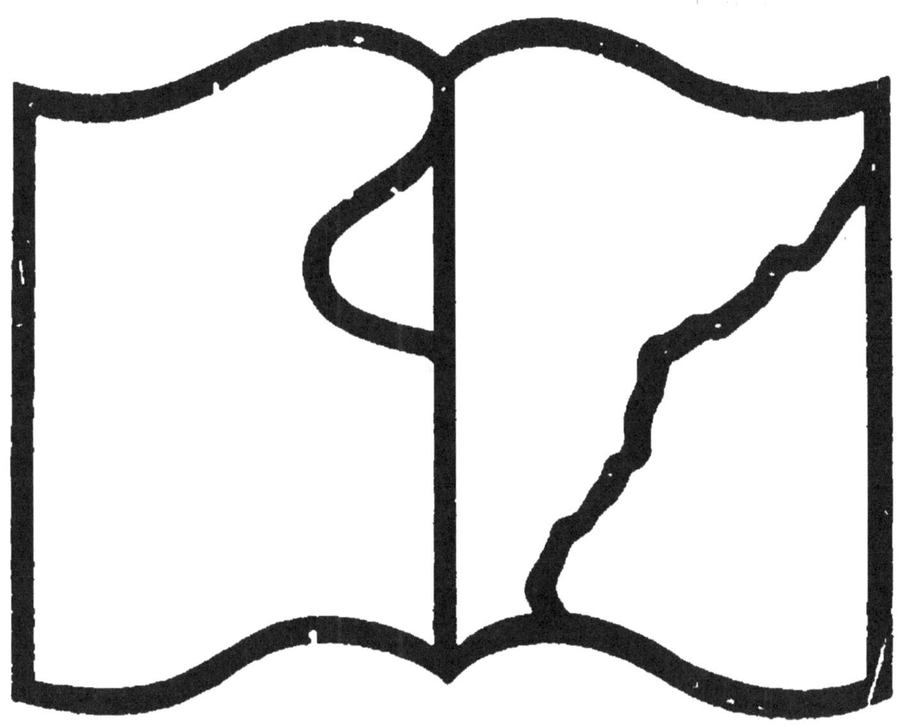

Texte détérioré — reliure défectueuse

NF Z 43-120-11

SYNDICAT DES CONTRIBUABLES POUR LA DÉFENSE DES INTÉRÊTS

DU 5ᴱ ARRONDISSEMENT

RAPPORT

SUR LES

PROJETS DE VOIRIE

SOUMIS AU CONSEIL MUNICIPAL DE BORDEAUX

PRÉSENTÉ PAR

Le Vicomte Pierre de PELLEPORT-BURÈTE

PRÉSIDENT

A L'ASSEMBLÉE GÉNÉRALE DU 17 MARS 1897

BORDEAUX

IMPRIMERIE SAINT-PIERRE (E. TAILLEBOURG & Cⁱᵉ)

11 -- RUE DE LA DEVISE -- 11

1897

SYNDICAT DES CONTRIBUABLES POUR LA DÉFENSE DES INTÉRÊTS

DU 5ᴱ ARRONDISSEMENT

RAPPORT

SUR LES

PROJETS DE VOIRIE

SOUMIS AU CONSEIL MUNICIPAL DE BORDEAUX

PRÉSENTÉ PAR

Le Vicomte Pierre de PELLEPORT-BURÈTE

PRÉSIDENT

A L'ASSEMBLÉE GÉNÉRALE DU 17 MARS 1897

— ❊ —

BORDEAUX

IMPRIMERIE SAINT-PIERRE (E. TAILLEBOURG & Cⁱᵒ)

11 — RUE DE LA DEVISE — 11

1897

RAPPORT

SUR

LES PROJETS DE VOIRIE

SOUMIS AU CONSEIL MUNICIPAL DE BORDEAUX

PRÉSENTÉ PAR

Le Vicomte Pierre de PELLEPORT-BURÈTE

PRÉSIDENT

A l'Assemblée Générale du 17 Mars 1897

MESSIEURS,

Au cours de l'Assemblée générale du 9 Avril 1895, M. Henri Marly, conseiller d'arrondissement et Président du Syndicat, vous a exposé l'œuvre poursuivie par votre Association depuis l'année 1892.

Le Syndicat avait été fondé à la suite d'un pétitionnement réclamant de la Municipalité la mise à l'alignement de plusieurs rues du quartier Saint-Pierre et le percement de nouvelles voies, qui porteraient l'air et la lumière dans ce quartier, embelliraient la Ville et faciliteraient la circulation générale.

Cette pétition eut le sort de la plupart des pétitions ; votre Président vous rappelait qu'elle avait été rejoindre, dans les cartons de la Ville, les innombrables demandes ayant eu pour but de pousser les Municipalités qui se sont succédées à l'Hôtel-de-Ville à percer largement le centre de notre cité.

Pour donner plus de poids à vos revendications ultérieures, vous fondiez, en 1892, le *Syndicat des Contribuables pour la Défense des Intérêts du 5° Arrondissement*.

Le Syndicat, c'est le pétitionnement en permanence !

Vous avez ainsi obtenu l'adoption de plusieurs mesures d'intérêt général ; mais tout en vous faisant les interprètes des habitants du quartier dans leurs légitimes réclamations, vous ne perdiez pas de vue la pensée maîtresse de votre Association : le percement de la Cité bordelaise par une grande voie. C'est ainsi que vous mettiez successivement en lumière les plans de MM. Duprat et Goguel, et que vous poussiez l'Administration et l'opinion publique à accepter l'idée de grands travaux.

Votre œuvre n'avait pas été vaine et, en terminant son Rapport du 9 Avril 1895, votre Président pouvait avancer que vos affaires étaient en bonne voie et en tel état que vous n'eussiez osé l'espérer trois ans avant.

Vous avez ajouté, Messieurs. que ces résultats étaient dus pour une grande partie au zèle et au dévouement de celui que vous aviez placé à votre tête, et vous lui en avez légitimement reporté l'honneur. Aussi avez-vous éprouvé de très vifs regrets lorsque M. Marly a fait connaître à votre Comité que ses occupations ne lui permettaient plus de conserver la présidence du Syndicat.

Après quelques démarches infructueuses pour faire revenir notre collègue sur sa détermination, j'ai dû, en qualité de premier vice-Président, réunir le Comité et le saisir de la détermination de M. Marly. Le Comité a accepté la démission de son Président et... l'a réélu à l'unanimité, puis il est allé porter ce vote à sa connaissance. Nous n'avons pas vaincu les résistances de M. Marly.

Je laisse la parole au Secrétaire général qui s'exprime ainsi dans le procès-verbal de la séance du 9 Juillet 1896 :

EXTRAIT DU PROCÈS-VERBAL DE LA SÉANCE DU 9 JUILLET DU COMITÉ DU SYNDICAT DES CONTRIBUABLES POUR LA DÉFENSE DES INTÉRÊTS DU 5° ARRONDISSEMENT :

M. de Pelleport informe le Comité que, malgré sa démarche, la Commission déléguée auprès de M. Marly pour lui faire part du vote de la dernière séance du 9 Juin le réélisant à l'unanimité Président du Syndicat, n'a pu vaincre sa résolution de résigner ses fonctions, et donne lecture de la lettre que lui a adressée M. Marly. Il estime qu'avant de passer au vote pour la nomination d'un nouveau Président, il y a lieu de témoigner publiquement à ce dernier les sentiments de reconnaissance du Syndicat pour son fondateur, et propose l'ordre du jour suivant :

« Le Comité, considérant les services importants rendus par
» M. Marly, tant au moment de la fondation que dans la direction du
» Syndicat et dans la vulgarisation des projets de percée et d'assainis-
» sement du quartier Saint-Pierre, lui décerne le titre de Président
» honoraire. »

Cette motion est chaleureusement approuvée par les Membres présents et votée par acclamation.

Je demande spécialement au Syndicat tout entier de vouloir bien s'associer aux sentiments du Comité dont j'ai l'honneur d'être ici l'interprète.

Le Comité m'a fait le très grand honneur de m'élever à la Présidence en remplacement de M. Marly et il a nommé M. Bassié, Président du Conseil des Prudhommes, premier vice-Président.

Je suis heureux, Messieurs, de saluer la venue de M. Bassié dans notre Bureau et de le remercier de mettre au service du Syndicat sa haute compétence des besoins ouvriers et sa connaissance approfondie des conditions générales du travail. D'autres que nous ont reconnu ses mérites et les ont signalés au public par une distinction qui est quelquefois seulement flatteuse; accordée à votre vice-Président, on peut dire qu'elle est bien méritée.

Quant à moi, Messieurs, je ne puis que me féliciter de l'honneur que vous avez bien voulu me faire en me rattachant, par de nouveaux liens, à ce vieux quartier Saint-Pierre, berceau des vieilles familles de Bordeaux, que mon grand-père, Lieutenant général des Armées nationales, a eu l'honneur de représenter au sein du Conseil Municipal de Bordeaux, suprême honneur accordé par ses concitoyens à celui qui avait eu toutes les gloires militaires. C'est vous dire, Messieurs, combien il me sera agréable, continuant ces traditions de famille, de me consacrer au service de notre vieux Bordeaux.

Depuis le mois de Juillet dernier, votre Comité a suivi ou rajeuni plusieurs questions déjà anciennes, notamment l'alignement des rues de la Merci et des Bahutiers.

Nous vous ferons connaître, en temps utile, les résultats obtenus, lorsqu'ils seront appréciables.

Bien que nous attachions une grande importance aux détails de l'amélioration du quartier et que nous soyons décidés à y consacrer nos efforts persévérants, nous avons voulu, avant tout, poursuivre la réalisation du vœu qui prime tous les autres, puisque de son adoption découlera forcément leur réalisation. Je veux parler de la grande voie.

Permettez-moi de revenir en arrière.

Le Syndicat avait repris et fait sienne l'idée d'une grande percée, seul moyen de rajeunir l'ancien Bordeaux et, peu à peu, la direction éventuelle de la voie, attirée par les uns vers le Pont, par les autres vers la Grosse-Cloche, s'est arrêtée dans votre esprit, comme dans l'opinion publique, sur la médiane de l'angle à assainir, de façon à réunir la place de la Comédie à la gare du Midi.

Vous vous êtes rattachés à ce projet — le seul qui puisse, du reste, mettre tout le monde d'accord — en faisant prédominer les intérêts généraux sur les intérêts particuliers.

La grande voie, figurée par une ligne droite tracée entre les deux points, Place de la Comédie - Gare du Midi, offre les plus grands avantages au point de vue général bordelais, ainsi qu'au point de vue plus spécial de l'ensemble du quartier.

Tout autre tracé sera forcément plus vivement combattu ; il serait évidemment choisi pour favoriser telle partie du quartier au détriment des autres ; il doit, par conséquent, être approuvé par ceux qui en retireront un avantage immédiat, désapprouvé par ceux qui ne seront pas aussi favorisés.

Et si on entre dans cette dernière voie, pourquoi aller plutôt à droite qu'à gauche, à gauche qu'à droite, il n'y a pas de raisons probantes plutôt dans un sens que dans un autre et, si la Municipalité devait entendre toutes les demandes à cet endroit, satisfaire à toutes les sollicitations, les quartiers Saint-Pierre, Saint-Paul et Saint-Éloi ne seraient bientôt plus qu'un grand vacant où s'élèveraient quelques rares maisons : celles dont les propriétaires ne seraient pas électeurs de Bordeaux.

Nous devons voir plus haut et plus loin.

La voie droite me paraît être celle qui satisfait à des intérêts généraux ; les autres percées ne pourront jamais satisfaire que des intérêts privés.

L'étranger qui visite notre cité se plaît à reconnaître que, sauf Paris et Lyon, il n'est pas une ville en France qui présente dans son centre de plus beaux quartiers, mieux percés, plus élégants et plus grandioses, entourant d'un cadre plus majestueux le tableau du port de Bordeaux. Et lorsqu'on dépasse les limites du quartier qui borde les terrains de l'ancien Château-Trompette ou s'est élevé sur son emplacement, on admire au même titre la ceinture qui a été tracée autour de l'ancienne cité bordelaise.

Ce sont ces percées qui contribuent à la réputation d'élégance traditionnelle de notre ville, et Bordeaux les doit à trois Administrateurs éminents à divers titres : Le Marquis de Tourny, le Maréchal de Richelieu, l'Intendant Dupré de Saint-Maur.

Pour les réaliser, Tourny eut à lutter contre le Parlement, l'Académie, la Jurade, le Gouverneur, les libellistes : « M. de Tourny, écrit l'un d'entre ces derniers, a un atelier à la porte des Capucins, à la porte Saint-Germain, à la porte Dauphine, à la porte Dijeaux, à la porte Saint-Julien, a deux rues qu'il veut faire aux Cordeliers, à deux autres qu'il veut faire aboutir à la place Royale. Il fait travailler à un atterrissement sur les quais, à son jardin, à la continuation des allées du côté de la manufacture. On lui compte vingt-deux travaux publics commencés dans la ville ».

Le Maréchal de Richelieu et Dupré de Saint-Maur poursuivirent les grands travaux commencés par Tourny et depuis nous vivons sur l'œuvre de ces trois hommes.

C'est au prix de luttes violentes quelquefois, qu'ils arrivèrent à la réalisation de leurs projets grandioses ; c'est au prix de sacrifices que leurs contemporains en bénéficièrent, mais la postérité qui en a profité et qui en profite encore, et la cité, cette grande personnalité morale qui vit de l'œuvre des générations, a dressé des statues à Tourny, et c'est justice.

Aujourd'hui, les conditions dans lesquelles peuvent s'exécuter de semblables travaux ont changé depuis M. de Tourny, et il n'est pas de représentant des pouvoirs publics ayant qualité pour trancher en pareille matière ; pareil soin appartient aux représentants élus de notre ville. C'est à eux et à eux seuls qu'incombent le soin et la responsabilité d'étudier dans leurs moindres détails l'économie même des projets présentés. Il est de leur devoir de tâter aussi, pour ainsi dire, le pouls de l'opinion publique, pour savoir si elle est décidée à compléter l'œuvre du passé.

Les Bordelais veulent-ils augmenter la valeur intrinsèque de leur ville, comme des industriels qui améliorent leurs établissements pour en retirer éventuellement une augmentation d'affaires; veulent-ils au contraire que leur ville en demeure au point où l'ont élevée nos devanciers ?

La question est là.

Bordelais, profondément attachés à la grande ville dont nous sommes les citoyens, nous sommes de ceux qui voulons lui conserver le sceptre de beauté et d'élégance qu'elle doit au passé et combattre l'anémie de ses quartiers les plus populeux, par une opération qui leur redonnera la vie.

Vouloir faire cette œuvre d'une autre manière, c'est renoncer par avance à mettre la partie jusqu'ici négligée de notre ville dans des conditions possibles de vitalité et de salubrité.

Une autre considération plaide en faveur d'une grande voie ; elle a été présentée le 10 Mars 1896, par M. Abel Jay, au Conseil Municipal avec une si grande netteté, que nous ne pouvons mieux faire que de reproduire le passage de son très remarquable Rapport dans lequel il expose le projet de travaux de voirie :

« Dans toute notre ville, dit-il, dans les anciens quartiers surtout, la circulation a depuis longtemps changé de but. Pendant de longs siècles, la seule issue de Bordeaux était la rivière. Les voyages, le commerce, les approvisonnements, ne connaissaient pas d'autre route. Toute la vie de la cité se portait vers le fleuve et toutes les rues principales conduisaient à sa rive. Aujourd'hui, l'adoption de nouveaux modes de transport a fait des gares de chemins de fer les vraies portes de la ville ; c'est donc vers elles, vers la gare du Midi surtout, dont l'importance ne fera qu'augmenter dans l'avenir, qu'une route nouvelle doit nous conduire. Lorsqu'on a construit les gares, on était lié par des nécessités spéciales aux voies ferrées, et on ne s'est pas préoccupé, pour en choisir l'emplacement, de la direction de nos rues anciennes ; depuis quarante ans, des courants de circulation se sont créés vers ces issues nouvelles. Ils sont devenus trop puissants pour ne pas leur ouvrir un passage. »

Sur le rapport de M. le Maire et de M. Jay, le Conseil Municipal votait, dans sa séance du 24 Mars 1896, une demande d'emprunt de 40 millions. Cette somme était destinée à faire face aux dépenses nécessitées par les délibérations des 15 Janvier et 2 Avril 1895; 4, 14 et 25 Février, 10 et 24 Mars 1896. Elle devait recevoir les affectations suivantes :

Amélioration du régime des égouts .... F.	3.500.000
Extension du service des eaux.............................	1.200.000
Création de nouveaux cimetières.........................	1.000.000
Subventions aux hospices pour l'agrandissement de l'Hôpital Saint-André et l'achèvement de l'Hospice des Enfants	2.000.000
Extension des services annexes des Facultés des Sciences, de Médecine et Pharmacie	875.000
Construction d'un Lycée de filles (externat)	500.000
Construction d'écoles primaires et maternelles	543.000
Amélioration de voirie : Voie nouvelle du cours du Chapeau-Rouge à la gare du Midi, grande voie, (25.800.000 francs) ; élargissement de la rue Baste, (1.800.000 francs) ; prolongement de la rue Duffour-Dubergier, entre le cours Victor-Hugo et la place d'Aquitaine (2.400.000 francs).............................	30.000.000
Frais d'emprunt.......................................	382.000
Total............ Fr.	40.000.000

L'ensemble des créations ou améliorations que l'emprunt de 40 millions devait permettre d'effectuer fut baptisé par le public du nom de « Grands Travaux ».

Ce projet donnait amplement satisfaction aux vœux du Syndicat du 5me Arrondissement et en même temps à d'autres quartiers de Bordeaux.

Sur ces entrefaites, les élections dernières envoyèrent à l'Hôtel-de-Ville un nouveau Conseil Municipal.

L'opinion publique était faite, il faut le dire, à un grand sacrifice ; elle voyait généralement sans déplaisir les améliorations projetées et acceptait les charges qui en auraient découlé. Si certains, ignorants ou oublieux des expériences du passé, croyaient à tort que des travaux d'une telle importance pourraient être entrepris du jour au lendemain, la grande masse des Bordelais, plus au courant de la lenteur des formalités administratives, savait bien que le premier pas seul était fait et que de longs mois s'écouleraient avant que les délibérations du Conseil Municipal puissent être sanctionnées par l'autorité compétente.

Plusieurs mois se sont passés et au mois de février 1897, à la suite d'une longue discussion, le Conseil Municipal a voté l'ordre du jour suivant proposé par M. Bonnamy et amendé par M. Fayet :

« L'Administration est invitée à présenter au Conseil dans le plus bref délai possible, et en tenant compte des déclarations de M. l'adjoint, un groupe de projets de grands travaux d'assainissement de voirie, etc. ;

« A l'exception de celui ayant pour objet la percée d'une grande voie entre le centre de la ville et la gare du Midi, dans le cas où par son importance et la controverse qu'il suscite, il serait de nature à entraver la mise à exécution à bref délai des autres grands travaux. »

Cette délibération marque un temps d'arrêt dans la marche de l'idée que vous avez poursuivie, puisqu'elle admet que les projets de voirie, autre que celui de la grande voie, soient étudiés et pourvus d'une solution immédiate et que la percée gare du Midi - Place de la Comédie ne passe plus qu'en seconde ligne si son importance ou la controverse qu'elle suscite est de nature à entraver la mise à exécution à bref délai des autres travaux.

J'admets, pour un instant, que les projets de l'ancienne Municipalité aient été hâtivement préparés; mais, si cette opinion a une base sérieuse, il semblerait naturel d'exercer une juste critique à leur endroit et de montrer par des chiffres et des arguments que les données du Rapport de M. le Maire et de M. Jay sont inexactes ; tant que la preuve n'aura pas été faite, les données de ces Rapports doivent être réputées justes. Nous nous bornerons à demander des chiffres et des preuves.

La disjonction des travaux aurait pour résultat d'entraver tout projet de grande voie, et il serait regrettable qu'il en fut ainsi car l'opinion publique est actuellement disposée à faire un important effort et il est naturel et indispensable, dans l'intérêt général de la Ville, de l'appliquer à une grande œuvre.

Il est possible que si la disjonction des projets de voirie était acceptée par le Conseil, le centre de la Ville prendrait part aussi aux distributions des travaux ; mais alors, Messieurs, ce ne serait plus une grande voie qui percerait le vieux Bordeaux de la gare du Midi à la place de la Comédie, entraînant pour l'avenir l'élargissement des voies transversales et imposant des débouchés sur les quais. Vous verriez surgir quelque projet inventé par un groupe d'industriels, de commerçants ou d'actionnaires pour la satisfaction de leurs intérêts personnels, et qui aurait pour résultat de faire passer au second rang, de faire abandonner et de rendre impossible pour l'avenir les projets d'intérêt général déjà présentés au public.

Votre Syndicat ne saurait, Messieurs, approuver un pareil plan.

C'est sous l'empire de ces sentiments que votre Comité s'est présenté dans le cabinet de M. Ricard, adjoint au Maire ; les procès-verbaux du Comité en rendent compte dans les termes suivants :

Le Comité a été reçu le 23 Février par M. Ricard, adjoint délégué aux Travaux Publics.

M. le vicomte Pierre de Pelleport-Burète, Président, a exposé que le Syndicat avait été ému par une des dernières délibérations du Conseil Municipal et par la lettre de M. Ricard au sujet des grands travaux de voirie.

Dès sa fondation, le Syndicat, que présidait alors M. Henry Marly, conseiller d'arrondissement, a préconisé par des conférences et par la voie de la presse les projets ayant pour but de percer largement par une voie allant de la place de la Comédie à la gare du Midi tous les vieux quartiers de Bordeaux si négligés au profit des quartiers de la périphérie de la Ville. Le projet déposé par l'ancienne Municipalité lui donnait satisfaction.

Il a l'avantage de relier directement les deux points de la ville qu'il s'agit de mettre en communication et d'améliorer de la manière la plus certaine, et même de la seule manière possible, la voirie des quartiers Saint-Pierre, Saint-Michel et de la Rousselle qui en a le plus urgent besoin.

La voie droite est la seule qui puisse mettre d'accord la partie de la population qui place les intérêts généraux de la Ville au-dessus des intérêts particuliers.

La Ville est prête à faire un grand effort, il faut l'appliquer à une grande œuvre et ne pas l'émietter en des travaux mesquins qui se feront à leur moment.

Le Président demande donc au nom du Syndicat :

1° Que le vote définitif des projets de grande voie prime celui de tous autres travaux ;

2° Que cette grande voie parte de la place de la Comédie pour aboutir en ligne droite à la gare du Midi.

Le Syndicat est opposé à tout autre combinaison.

M. Ricard a exposé au Comité les motifs qui l'engageaient à étudier divers projets de percée du vieux Bordeaux pour permettre à l'opinion publique de manifester ses préférences. Il a pris acte des vœux qui lui étaient exprimés.

Je tiens, Messieurs, à remercier en votre nom M. Ricard de son accueil plein de bienveillance et de l'intérêt qu'il accorde aux légitimes revendications dont nous avons eu l'honneur d'être les interprètes.

Persévérons, Messieurs, dans la direction que nous avons prise non sans une mûre réflexion, et demandons par tous les moyens de propagande que les intérêts généraux de notre grande ville soit placés, par ses élus, au-dessus des convenances privées.

Mais pour atteindre le but que vise votre Comité, il est indispensable qu'il puisse compter sur le concours absolu de tous les membres du Syndicat. Ne croyez pas, Messieurs, qu'il suffise pour produire des efforts soutenus et mériter de les voir couronner de succès, de donner une adhésion timide à l'œuvre de groupement et de défense que nous avons entreprise ; il ne suffit pas de remettre à quelques-uns le soin de défendre vos intérêts ; il faut, par un concours de chaque instant, devenir leurs coopérateurs, s'associer à leur propagande, recruter des adhérents nouveaux. Il faut vous faire chacun, dans la mesure de vos forces, les artisans de l'action commune, car nous poursuivons ici une œuvre dont tous doivent bénéficier et il est justice que tous y soient associés dans la plus large mesure.

BORDEAUX — IMPRIMERIE SAINT-PIERRE, RUE DE LA DEVISE, 11.